tredition®
www.tredition.de

AF395088

P.W. Lövenich

Migration - Grundsätze und Handlungsoptionen

Ein Essay

© 2020 P.W. Lövenich

Verlag und Druck: tredition GmbH, Halenreie 40-44, 22359 Hamburg

ISBN
Paperback: 978-3-347-00130-5
Hardcover: 978-3-347-00131-2
e-Book: 978-3-347-00132-9

Wozu dieser Essay?

Viele öffentliche und private Diskussionen drehen sich um die Schicksale von Migranten und Flüchtlingen an Staatsgrenzen. Leider sind die wenigsten Diskussionen strukturiert. Oft werden nur Fragmente von Argumenten verwendet; pauschale Urteile werden getroffen; die Gesprächspartner reden teils bewusst aneinander vorbei. Anbei einige Beispiel für solche bruchstückhaften Argumente:

„Alle Grenzen müssen weg.“

„Mexikaner sind Drogenschmuggler.“

„Wir nutzen arabische Zahlen, römische Buchstaben und essen italienische Pizza; Migration ist also kein Problem.“

„Deutschland sollte Polen verpflichten, Flüchtlinge aufzunehmen.“

Derartige Beiträge und Diskussionen zeigen keine Lösungen auf; bei den Diskussionspartnern verbleiben Ratlosigkeit und Ärger.

Dieser Essay versucht eine strukturierte Herangehensweise an das Thema. Im ersten Teil werden grundsätzliche Feststellungen über Staaten, Grenzen und menschliches Zusammenleben beschrieben. Diese Grundsätze erfolgen ohne moralische Bewertung, sie beruhen auf einer logischen und strukturieren Schlussfolge.

Im zweiten Teil werden verschiedene Möglichkeiten aufgezeigt, wie die heutigen Schwierigkeiten überwunden werden können. Diese Wege und Möglichkeiten bewegen sich im Rahmen der Grundsätze, die im ersten Teil aufgezeigt wurden.

Bei der Auswahl und Beurteilung der Handlungsmöglichkeiten im zweiten Teil kommen dann durchaus moralische Bewertungen ins Spiel und verschiedene

Optionen können gegeneinander abgewogen werden. Es sei bereits an dieser Stelle vorweggenommen, dass das Buch keine absolute Formel zur Lösung aller Migrationsfragen liefert. Aber es ermöglicht ein strukturiertes Vorgehen. Die verschiedensten pauschalen oder bruchstückhaften Argumente lassen sich damit leicht widerlegen bzw. ad absurdum führen.

Vermutlich werden nur wenige Leute dieses Buch je lesen. Und doch war das Zuhören bei derart vielen schlechten und unstrukturierten Beiträgen so quälend, dass es die Mühe wert war, die Grundsätze von den Handlungsmöglichkeiten zu trennen und diese aufzulisten.

Grundsätze

John Lennon besang 1971 in seinem Lied „Imagine"
die Abschaffung von Staaten und Grenzen und die
Menschheit als eine Einheit. Auch heute noch will das
No-Border-Netzwerk Grenzen abschaffen und eine
staatenlose Gesellschaft schaffen. Bevor wir also die
Frage nach guten und angemessenen Regeln für Migration stellen, müssen wir klären, ob nicht schon in
der Existenz von Staaten, Staatsangehörigkeiten und
Grenzen an sich der Kern des Problems liegt. Dieser
Essay will zeigen, dass es auch innerhalb einer Welt
mit Staaten Lösungen gibt für die heutigen Migrationsprobleme. Dabei werden wir später zwischen
Migranten mit wirtschaftlichem Hintergrund, Kriegs-
flüchtlingen sowie politisch Verfolgten unterschei-
den.

Zunächst aber stellt sich die Frage nach dem Sinn von
Staaten und Grenzen überhaupt.

Grundsätze über Staaten

Der Sinn und die Notwendigkeit von Staaten lässt sich in drei große Themenblöcke sortieren: Kultur und Geschichte, Regierung und Rechtsform sowie staatlich organisierte Umverteilung. Diese werden im Folgenden betrachtet:

<u>Kultur und Geschichte von Nationen</u>

Als erstes Argument steht die Geschichte der heutigen Nationen. Eine überwiegende Mehrheit der Menschen definiert einen Teil der eigenen Identität über kulturelle Zugehörigkeit zu einer Nation. Eltern, Großeltern, Verwandte und Freunde bilden die Grundlage für einen Kreis von Menschen, die gemeinsam eine jüngere Vergangenheit erlebt haben. Ebenso wichtig wie das gemeinsam Erlebte, ist die Sprache als Möglichkeit sich über das Erlebte auszutauschen. Und auch wenn in einer Nation Menschen äußerst unterschiedliche Ansichten zu Politik und großen Zukunftsthemen haben, so ist doch stets die persönliche Umgebung der Startpunkt für die Definition des eigenen Standpunkts.

Dies kann leicht am Beispiel von Familien verdeutlicht werden, bei denen die Eltern aus verschiedenen Kulturkreisen kommen. Die Familien erleben es oft als Bereicherung, dass Sie Einflüsse aus beiden Ländern erleben. Sie beobachten die Menschen in den beiden Nationen, reflektieren und wählen dann für sich Sprache, Verhalten und Kultur aus. Bei dieser Auswahl spielt nicht eine Kultur die andere aus, sondern von beiden werden Elemente übernommen. Nichts ist bereichernder als zwei Sprachen zu sprechen und sich in beiden Kulturkreisen zu Hause zu fühlen.

Und doch zeigt gerade diese Betrachtung, dass es eben genau zwei Kulturen sind, die hier verbunden werden. Eine deutsch-französische Familie wird die

Überwindung der Grenze am Rhein wertschätzen und doch hat sie keinen besseren Zugang zur afrikanischen Kultur als andere Familien.

Kultur, Geschichte und Sprache sind Identifikationspunkte für Menschen. Sie werden in der Schule erlernt, als Grundlage ihres Heranwachsens. Aber indem wir mit einer dieser Sprachen, Geschichten und Ritualen aufwachsen, lernen wir nie alle Sprachen, Strukturen und Rituale der Welt. Wir können in eine zweite oder dritte Sprache und Geschichte eintauchen und uns damit identifizieren, aber nie mit allen. Es gibt also keine Weltbürger in dem Sinne wie es einen Deutschen, eine Chinesin oder einen Russen gibt.

Manche Menschen lehnen die eigene Nation ab, andere fühlen sich so erfahren und weit gereist, dass sie sich als Weltbürger sehen. Und doch gründet sich ihre Erfahrung nur auf dem, was sie bisher gesehen und gelesen haben. Durch ihre Ablehnung oder Erfahrung werden sie nicht zum Chinesen, Äthiopier und Brasilianer in gleicher Weise. Ein jeder bleibt somit in seinem Kontext, den er in seinem Leben erfährt.

Es gibt also in jeder Nation einen Kontext – eine Sprache, eine Geschichte, Gewohnheiten, Kultur. Dieser Kontext ermöglicht es uns, mit anderen im Alltag zusammenzuleben. Und es gibt den Wunsch in jeder Nation diesen Kontext zu erhalten. Auch wenn sich Grenzen verschieben oder aufheben, wie es bei der Auflösung von Jugoslawien oder der Tschechoslowakei war, ergeben sich neue Zugehörigkeiten und es entsteht eine neue Identität. Das Grundbedürfnis nach einer Zugehörigkeit bleibt.

Regierung und Rechtsform

Staaten sind organisatorische Einheiten zur Entscheidungsfindung. In ihnen gilt ein definiertes Rechtssystem, es gibt ein Wahlsystem und eine Regierung. Sowohl in demokratischen als auch in nicht-demokratischen Staaten gilt, dass eine bestimmte Gruppe, z. B. das Parlament oder eine Gruppe von Technokraten oder ein Diktator, Gesetze für alle erlässt. Die Auswirkung der Gesetze sind nicht zwingend für alle gleich. Das Ehegattensplitting ermöglicht die finanzielle Erleichterung für Ehepaare und Familien und wird mit einer höheren Steuer für Unverheiratete erkauft. Die Einführung von Deutsch als Regelsprache für alle, bedeutet eine zweite Sprache für die dänische Minderheit in Schleswig-Holstein.

Je größer die Anzahl der Einwohner, desto größer die Gefahr, dass die Möglichkeiten einzelner beschnitten werden, weil sie eine Randgruppe sind.

Mit der großen Anzahl von Wählern in Asien und Afrika ist klar absehbar, dass diese Menschen in einem Gedankenexperiment einen überwältigenden Einfluss auf die Auswahl einer Welt-Regierung hätten und die Bewohner kleinerer Länder sehr begrenzten Einfluss auf die Gesamtausrichtung haben.

Beispielsweise könnte eine Weltregierung die Nutzung der Atomenergie für die absehbare Zukunft als notwendig erachten, während einzelne Staaten, wie zum Beispiel Deutschland, einen Ausstieg anstreben wollen. Auch die Nutzung von Steueraufkommen zur Anschubfinanzierung von Solarstrom, könnte in einer Weltregierung eine untere Priorität erhalten, wenn zunächst in einer armen Region Krankenhäuser errichtet werden müssen.

Die Europäische Union kämpft bis heute um ein effizientes Model, das die Erhaltung der Interessen kleiner Länder mit einer effizienten Entscheidungsfindung kombiniert.

Ein weiteres Beispiel für die Unvereinbarkeit der Rechtssysteme ist der Datenschutz. Viele Chinesen akzeptieren die umfassende Erfassung von persönlichen Daten, zum Beispiel die Erkennung beim Überschreiten einer roten Ampel, um dadurch mehr Sicherheit im öffentlichen Raum zu ermöglichen. Ein solch starker Eingriff in die persönlichen Rechte ist in den meisten europäischen Staaten nicht mehrheitsfähig.

Somit sind weder ein Rechtssystem noch ein Regierungssystem erkennbar, das weltübergreifend für alle Menschen nutzbar ist.

Staatlich organisierter finanzieller Ausgleich

Die soziale Absicherung der Menschen ist innerhalb von Staaten organisiert. Staaten erheben Steuern und Abgaben innerhalb ihrer Grenzen und finanzieren damit übergreifende Aufgaben wie Polizei und Schulen; aber auch die soziale Absicherung von finanziell bedürftigen Menschen innerhalb des Staates erfolgt durch Steuern; weiterhin wird Zugang zu Krankenhäusern und Bildung für bedürftige Menschen über Steuern finanziert. Jeder Staat hat Regeln für Umverteilungen entworfen, die es ermöglichen, dass Menschen in schwierigen Situationen eine staatliche Unterstützung erhalten. Dabei gibt es große Unterschiede zwischen den Staaten wie diese Regeln ausfallen. Einige reiche Industrienationen haben ein etabliertes Gesundheitssystem, eine Unterstützung für behinderte Menschen und ein Sozialsystem, das die nötigsten Bedürfnisse absichert. In vielen Entwicklungsländern fehlen die Steuermittel und ein entsprechendes System; teils reichen die zur Verfügung stehenden Mittel nicht einmal zum Überleben der Bevölkerung aus.

Die Organisationseinheit der Umverteilung ist in erster Linie der Staat. Bürger eines Staates zahlen in das jeweilige Sicherungssystem ein. Je nach Bedürftigkeit erhalten die Bürger eine Unterstützung. Es ist offensichtlich, dass für diese Umverteilung ein komplexes Regelwerk von Rechten und Pflichten notwendig ist. Nur wenn es dem Staat gelingt, Steuern und Abgaben einzutreiben, kann er im Gegenzug die Unterstützung gewährleisten. Es ist auch offensichtlich, dass dieses System auf den jeweiligen Staat begrenzt ist; der deutsche Staat kann keine Steuern in Kasachstan erheben und damit die Bevölkerung in Kasachstan unterstützen.

Das Maß der Umverteilung ist ein zentraler Punkt einer jeden politischen Partei und über viele Jahre wurden innerhalb der Staaten komplexe Systeme entwickelt, mit denen die soziale Absicherung erfolgt. Das resultierende System ist vielen Menschen innerhalb des Landes wichtig und sie identifizieren sich damit. Viele Schweizer schätzen ihr gründliches Schulwesen und sind bereit dafür entsprechende Steuern zu zahlen. Norweger sind stolz auf ihren Staatsfond, der ihren Lebensstandard langfristig sichern soll. Amerikaner freuen sich über die großen Freiheiten, die ihnen das staatliche Regelwerk lässt.

Die Bereitschaft zur Umverteilung ist in verschiedenen Regionen der Welt unterschiedlich stark ausgeprägt; während die Menschen in USA, China und Brasilien nur sehr begrenzt bereit sind, einen Teil ihrer Einnahmen für Umverteilung abzugeben, ist es in Deutschland nicht unüblich ein Drittel oder die Hälfte der Einnahmen umzuverteilen. Entsprechend werden die Unterschiede zwischen den wirtschaftlich Stärksten und den wirtschaftlich Schwächsten in vielen europäischen Ländern stärker behoben als in USA, China oder Brasilien.

Diese Unterschiedlichkeit in der Bereitschaft zur Umverteilung in verschiedenen Regionen der Welt stellt eine erste Hürde für eine weltweit einheitliche Umverteilung zwischen allen Menschen in einer staatenlosen Gesellschaft dar. Wenn die Bereitschaft zur Umverteilung weltweit so unterschiedlich ist, kann es kein Regelwerk geben, das den Ansprüchen aller Menschen genügt.

Eine zweite Hürde stellt die absolute Höhe der Umverteilung dar. Der deutsche Staat gibt einen erheblichen Teil seiner Steuereinnahmen für Soziales aus. Im Jahr 2019 betrugen die Beiträge aus dem Bundeshaushalt für Soziale Sicherung, Familie und Jugend sowie den Arbeitsmarkt 179,5 Milliarden € und damit 50,4% des gesamten Bundeshaushalts (www.sozialpolitik-aktuell.de). Um allen Menschen auf der Welt einen Lebensstandard zu garantieren, wie er in der Mittelschicht in industrialisierten Ländern üblich geworden ist, stehen derzeit weltweit keine ausreichenden Steuereinnahmen zur Verfügung. Die Schwierigkeiten, Lebensverhältnisse in Ländern an-

zugleichen lässt sich gut an der deutschen Widerver-
einigung erkennen; in Deutschland wird es mehr als
30 Jahre dauern, bis zum Beispiel eine Angleichung
des Rentenniveaus in Ost- und Westdeutschland er-
reicht wird (www.deutsche-rentenversicherung.de).
Die Ausgangslage für die unterschiedlichen Lebensverhältnisse ist bei Weitem nicht so dramatisch, wie
die zwischen den heutigen Industrie- und Entwicklungsländern.

Eine weltweit gleichmäße Umverteilung aller heutigen Steuereinnahmen ist in westlichen Industrienationen nicht mehrheitsfähig, weil damit gemachte Zu-
sagen über soziale Absicherung, Zugang zu Krankenhäusern und Bildung gebrochen werden müssten.
Die heutige weltweite Wertschöpfung und das entsprechende Steueraufkommen reichen nicht aus um
die Renten-, Gesundheits- und Absicherungssysteme
aller Menschen auf das Niveau der westlichen Mittelschicht zu erhöhen.

Die staatlich organisierte Umverteilung stellt somit neben der Kultur und dem Regierungssystem den dritten Grund dar, weshalb Staaten als Organisationseinheiten langfristig bestand haben werden, mit allen positiven und negativen Konsequenzen, die dies mit sich bringt.

Da die unterschiedlichen Lebenszustände ein Hauptgrund für Migration sind, wird die ein zentraler Punkt im zweiten Teil des Essays sein; es gilt Wege aufzuzeigen, wie die Unterschiede zwischen Lebensstandards und der Absicherung der Menschen verringert werden können.

Mit der Festlegung auf Staaten als Organisationseinheiten ergeben sich zwangsläufig einige Konsequenzen:

<u>Souveränität</u>

Die Existenz von Staaten mit ihren verschiedenen Kulturen, Regierungen und Umverteilungssystemen ist an ihre geographische Lage geknüpft. Das deutsche Recht gilt innerhalb der räumlichen Ausdehnung Deutschlands. Die Existenz verschiedener Staaten bedingt zwingend, dass es eine Grenze des Staates gibt und dass es einen definierten Personenkreis gibt, für den die Rechte und Pflichten gelten.

Wenn es Staaten als selbstständige Einheiten gibt, dann sind diese Einheiten auch selbstbestimmt. Über die Gesetze und Regeln in diesem Staat entscheiden die Regierungen der Staaten. Die Staaten sind souverän.

<u>Historische Konflikte</u>

Japaner und Koreaner hegen seit hunderten von Jahren ein Misstrauen gegeneinander. Im Nahen Osten beanspruchen Palästinenser und Israelis das gleiche Land. Iran und Irak sind seit Jahrzehnten zerstrittene Nachbarn. Konflikte und Kriege zwischen Gruppen gibt es seit tausenden Jahren und Staaten sind bevorzugte Einheiten, zwischen denen diese ausgetragen werden.

Politische Ungleichgewichte

Große Staaten wie die USA oder China verfügen über eine wirtschaftliche Macht, die es ihnen ermöglicht Vertragsbedingungen mit kleineren Staaten zu diktieren. Große und wirtschaftlich starke Staaten können ihren Firmen wie z. B. Banken oder produzierenden Firmen Regeln auferlegen, mit wem und wie sie im Ausland handeln sollen. Dies stellt einen wesentlichen Hebel für den Umgang mit kleineren Staaten dar. Ebenso können große und reiche Staaten Wirtschaftshilfe und Entwicklungshilfe an politische Bedingungen knüpfen. Durch den Einsatz ihrer wirtschaftlichen Stärke haben die großen Staaten die Macht, ihre Stärke in die Zukunft zu tragen. Es bedarf einer bewussten Entscheidung, dieses Machtpotential nicht zu missbrauchen. Durch die Festlegung auf

Staaten bleibt auch ein Ungleichgewicht, zwischen starken und schwachen Staaten bestehen.

<u>Die Europäische Union</u>

Zum Abschluss der Grundsätze bietet sich ein Blick auf die Europäische Union an. Insbesondere das Schengen-Abkommen hat es ermöglicht, dass Menschen innerhalb Europas Grenzen überschreiten, ohne kontrolliert zu werden. Sie können frei wählen, ob sie in dem einen oder anderen Staat leben und arbeiten wollen. Ein Niederländer kann daher von einem Tag auf den anderen entscheiden, dass er nun in Spanien leben möchte. Damit ist ein Wechsel ohne wesentliche Hürde zwischen den Schengen-Staaten möglich.

Der Schengen-Raum hat einen großen Teil der Überprüfung an seine Außengrenze verlagert. Mit dieser Teilverlagerung ergeben sich Vorteile für die Bürger und Unternehmen, da Personen und Waren nun

nicht an den vielen Innereuropäischen Grenzen über-
prüft werden müssen. Mit dem Wegfall von Zoll-
schranken entstand ein Wirtschaftsraum, in dem Unternehmen in allen EU Ländern in gleicher Weise
wirtschaften können und dieser Wettbewerb hat zu
einem wirtschaftlichem Gesamtwachstum geführt.

Es wurde aber nur ein Teil der Kompetenzen an die
EU übertragen. Die Staaten regeln weiterhin für sich,
wie sie ihre Umverteilung, zum Beispiel Arbeitslosen-
geld, Kindergeld oder Rentenzuschüsse, organisieren. Sie entscheiden auch weiterhin unabhängig voneinander wem und wie sie die Staatsbürgerschaft an-
erkennen. Es ist offensichtlich, dass eine solche Teil-
übertragung nur mit einem umfassenden Regelwerk
möglich ist. Der Mehrwert dieses teilweisen Zusam-
menschlusses wird von vielen Menschen als Bereicherung erlebt. Die wirtschaftlichen und persönlichen Freiheiten werden als Vorteil erlebt, der die ein-
hergehenden Nachteile des Regelwerks überwiegt.

Dieser teilweise Zusammenschluss ist ein exklusiver Verbund von Staaten. Das System lässt sich nicht auf die gesamte Welt übertragen. Der Verbund wurde möglich, da kein Staat den Staatenbund dominieren konnte. Außerdem haben die EU-Gründer erkannt, dass die einzelnen Länder im weltweiten Wettbewerb zu klein waren, um sich durchzusetzen. Die Europäische Union ging aus der Europäischen Wirtschaftsgemeinschaft hervor, die wiederum aus der Europäischen Gemeinschaft für Kohle und Stahl (Montanunion) von 1951 entstand. Das starke Wachstum der ursprünglich schwächeren Regionen hat die wirtschaftlichen Unterschiede zwischen den Staaten vermindert. Die Umverteilung ist jedoch Hoheitsaufgabe der Einzelstaaten geblieben. Ebenso entscheiden sie unabhängig voneinander über Staatsangehörigkeiten.

Die Zusammenarbeit der Staaten innerhalb der EU bildet somit keine Vorlage für die weltweite Zusammenarbeit aller Staaten, mit der die Probleme der Migration in der Welt gelöst werden können. Dennoch hat die EU Mechanismen der Zusammenarbeit entwickelt, die im zweiten Teil als Orientierung für zwischenstaatliche Zusammenarbeit verwendet werden können.

Wissenschaftlicher und kultureller Austausch

Der Austausch zwischen Menschen aus verschiedenen Ländern hat immer schon eine Bereicherung dargestellt. Nur durch den Austausch wird ermöglicht, von den besten zu lernen. Das arabische Zahlsystem hat erhebliche Vorteile gegenüber dem römischen und hat sich daher durchgesetzt. Medizinische und wissenschaftliche Entdeckungen einzelner haben sich über Grenzen hinweg verbreitet und in vielen Fällen der gesamten Menschheit genützt. Der Einfluss einer anderen Kultur ist oftmals eine Bereicherung für eine Nation. Italienische, spanische, indische und chinesische Küche werden in Deutschland sehr geschätzt.

Die Wertschätzung dieses Austauschs, bildet an sich jedoch noch keinen Maßstab dafür, was der beste Umgang mit Migranten und Flüchtlingen ist. Menschen aus anderen Kulturkreisen können eine große Bereicherung für die aufnehmende Gesellschaft sein. Der wissenschaftliche oder medizinische Austausch zwischen verschiedenen Mensch kann zu großen Fortschritten führen. Wir müssen dies im zweiten Teil als einen wichtigen Beitrag bei den Handlungsoptionen berücksichtigen. Der kulturelle oder wissenschaftliche Austausch für sich alleine ist aber kein absolutes Argument, mit der die Staatsbürgerschaft geregelt werden kann. Für den wissenschaftlichen Austausch kann ein kurzer Besuch in einem anderen Land ausreichen oder gar die Lektüre eines Fachjournals.

Wir benötigen also einen ganzheitlichen Ansatz für den Umgang mit Flüchtlingen und Migranten.

Notwendigkeit der Integration

Die drei Begründungen für die Existenz von Staaten - Kultur, Regierungssystem und Umverteilung - haben schon klar gemacht, dass Migration nicht nur den Wechsel von einem Staat in einen anderen bedeutet. Die Migranten werden Teil des aufnehmenden Staates. Dazu müssen sie die Möglichkeit haben, sich mit den dortigen Menschen auszutauschen. Dies gelingt in erster Linie über Sprache – die Sprache des aufnehmenden Staates. Ohne Sprache können sie nicht am öffentlichen Leben teilnehmen. Ohne Sprache nehmen sie auch nicht am Regierungssystem des neuen Landes teil. Sie werden nicht repräsentiert.

Neben Sprache, Kultur und Teilnahme am Regierungssystem gehört zur Immigration auch die Teilnahme am Umverteilungssystem – die Pflicht Steuern zu zahlen ebenso wie der Zugang zum Sozialsystem und zum Gesundheitswesen. Der aufnehmende Staat hat ein Interesse daran, dass die Hinzukommenden Steuern zahlen, dass für sie die gleichen Rechte um Pflichten gelten wie für die Ansässigen. Sie müssen daher erfasst werden und sich mit den Rechten und Pflichten des jeweiligen Landes vertraut machen.

Integration ist eine gewaltige Aufgabe für den aufnehmenden Staat wie auch für die Ankommenden. Vielen der türkischen Zuwanderer in den 60er und 70er Jahren nach Deutschland ist die Integration nicht gelungen. Sie haben jahrelang in einer Art Isolation gelebt – ohne echte Teilhabe am Leben in ihrem neuen Land. Oft ist es erst der zweiten oder gar dritten Generation gelungen, die neue Sprache zu erlernen, am öffentlichen Leben teilzunehmen, die deutsche Staatsbürgerschaft zu erhalten, sich um politische Ämter zu bewerben und die neue Heimat als ihre eigene anzunehmen.

Grundsätze über den Einzelnen

Zum Abschluss der Diskussion über die Grundsätze sollen noch die Grundsätze ergänzt werden, die für jeden Einzelnen auf der ganzen Welt gelten. Es bedarf keiner besonderen Erläuterung, dass für alle Menschen - auch für Migranten und Flüchtlinge - die Menschenrechte gelten wie sie beispielsweise in der Allgemeinen Erklärung der Menschrechte der Vereinten Nationen von 1948 niedergelegt sind. Dazu zählt insbesondere Artikel 3, das Recht auf Leben, Freiheit und Sicherheit. Ebenso gibt die Unschuldsvermutung gemäß Artikel 11. Jeder Mensch gilt als unschuldig, solange seine Schuld nicht in einem öffentlichen Verfahren festgestellt wurde. Damit geht einher, dass kein Mensch als schuldig oder minderwertig gilt, weil er als Migrant oder Flüchtling um Aufnahme in einen neuen Staat bittet.

Dieser Grundsatz ist äußerst wichtig, weil im zweiten Teil durchaus die Option diskutiert werden muss, dass der Antrag eines Migranten oder Flüchtlings auf Staatsbürgerschaft nicht angenommen wird. Diese Ablehnung auf Staatsbürgerschaft darf keine Ablehnung des Menschen sein. Der Mensch, der zum Beispiel an der Grenze eines Landes angekommen ist, hat Rechte, er hat Bedürfnisse und jeder Staat braucht Ressourcen und Mittel um den Bedürfnissen dieser Menschen gerecht zu werden.

Zusammenfassung

Aus der bisherigen Darstellung ergeben sich fünf Grundsätze, die nochmals kurz zusammengefasst werden sollen:

1) Die Menschheit ist in Staaten organisiert; Staaten sind durch Grenzen voneinander getrennt.

2) Staaten sind souverän; sie entscheiden selbstständig über Einbürgerungsrichtlinien und den Zuzug von Menschen in ihren Grenzen.

3) Durch den Bestand der Staaten bleiben auch in Zukunft Ungleichheiten bestehen; Ungleichheit im Regierungssystem, im Zugang zu Sozialsystemen und viele andere Ungleichheiten.

4) Es gelten die Menschrechte; jeder Mensch hat das Recht auf Unversehrtheit – egal ob er in seinem Land lebt oder an der Grenze in ein anderes Land einreisen will.

5) Migration in ein neues Land gelingt, wenn sich der Migrant mit dem neuen Land austauscht, indem er die Sprache erlernt, an der

Auswahl der Regierenden teilnimmt, am Umverteilungssystem mit Steuern und Bezügen teilnimmt und die geltenden Rechte und Pflichten wahrnimmt.

Mit Hilfe dieser fünf Grundsätze, die ohne große Mühe hergeleitet wurden, können viele fragmenthafte Aussagen widerlegt werden. Insbesondere die typischen in der Einleitung gemachten Aussagen sind damit widerlegt. Dies soll kurz an den vier Aussagen der Einleitung illustriert werden:

„Alle Grenzen müssen weg.“

⇨ Falsch! Verschiedene Kulturen, Regierungssysteme und Umverteilungssysteme sind gute Gründe für Staaten und ihre Grenzen.

„Mexikaner sind Drogenschmuggler.“

⇨ Falsch! Die Menschenrechte verbieten eine pauschale Verurteilung

„Wir nutzen arabische Zahlen, römische Buchstaben und essen italienische Pizza; Migration ist also kein Problem."

⇨ Falsch! Die Wertschätzung des kulturellen Austauschs ist für sich alleine kein Maßstab für die Einwanderungspolitik.

„Deutschland sollte Polen verpflichten, Flüchtlinge aufzunehmen."

⇨ Falsch! Staaten sind souverän. Kein Staat kann über einen anderen entscheiden. Staaten und Einzelne sollten Menschen in Krisensituationen unterschützen und dazu gibt es eine Vielzahl von Möglichkeiten wie Hilfsaktionen, Spenden oder auch Aufnahme von Flüchtlingen.

Die Grundsätze reichen nicht aus, um die heutigen Migrationsprobleme zu lösen, aber sie setzten den Rahmen, in dem gestritten werden kann und in dem letztlich Lösungsmöglichkeiten und Verbesserungen gefunden werden können.

Handlungsoptionen

Nach den Grundsätzen sollen nun Handlungsoptionen diskutiert werden. Das Verhältnis von Grundsätzen zu Handlungsoptionen soll an einem Beispiel verdeutlicht werden:

Wir versetzen uns in eine mittelalterliche Stadt; der reiche Fürst und sein Gefolge haben mehr als genug zu essen und führen ein angenehmes Leben. Die Armen haben nicht genug zum Leben und verhungern. Nun könnten einige der Armen das Recht den Fürsten überfallen, ausrauben, enteignen oder gar ermorden. Heutzutage habe sich zwei Grundsätze durchgesetzt, die dem entgegenstehen: Erstens müssen Konflikte gewaltfrei gelöst werden - zweitens gibt es ein Recht auf Eigentum.

Nachdem diese beiden Grundprinzipien akzeptiert wurden, können nun Ausgleichsmöglichkeiten zwischen Reich und Arm gefunden werden. Es werden Steuern eingeführt; Reiche zahlen mehr Steuern als Arme. Dadurch werden Krankenhäuser und Schulen ermöglicht. Die Regeln werden so gewählt, dass der Fleißige durch seine Arbeit vorankommt und gut für sich und seine Familie sorgen kann. Die Tatsache, dass das Recht des Einzelnen auf Eigentum und die Mehrung dieses Eigentums dem Wohle aller nicht im Wege steht, ermöglichte den Ausgleich. Die Übergabe des Gewaltmonopols an den Staat, stellt sicher, dass der Arme sein Anrecht auf Grundsicherung und Ausgleich durchsetzen kann. Nicht der Arme wird zum Robin Hood sondern das Finanzamt.

Politischer Diskurs

An dieser Stelle ist es hilfreich zu hinterfragen, wie große gesellschaftliche Umbrüche gelöst werden können. Wie muss ein konstruktiver Streit aussehen, der eine kritische Situation löst, die es in dieser Form bisher nicht gab? Auch hier wenden wir uns kurz dem sozialen Ausgleich zu.

Während der Industrialisierung entstanden neue große Elendsviertel. In England erlies die Regierung 1834 unter Königin Viktoria die *poor laws* und lies Arbeitshäuser errichten. Doch auch dort war das Elend groß, wie Charles Dickens in *Oliver Twist* beschreibt. Otto von Bismarck brachte in den 1880er Jahren, als deutscher Reichskanzler, Gesetze zur Sozialversicherung durchs Parlament. Die Umbrüche hin zum Sozialstaat wurden aber nicht von oben verordnet. Bismarck und das Parlament standen unter dem Eindruck linker Gruppen, die einen radikalen gesellschaftlichen Umbruch anstrebten. Große Umbrüche gab es auch oft nach Kriegen, nach denen die Menschen die Notwendigkeit für ein neues Zusammenleben erkannten.

Es ist also ein großer gesellschaftlicher Fortschritt der letzten 200 Jahre, dass Menschen in westlichen entwickelten Ländern Regeln für Steuern und Ausgleich akzeptieren. Über breite Bevölkerungsschichten herrscht die Einsicht, dass solche Regeln der Stabilität der Gesellschaft dienen. Ebenso gilt es heute Regeln für Migration, Flucht und politisches Asyl zu etablieren.

Die Vorschläge dazu im Rahmen dieses Essays sind meine persönlichen Ansichten und es liegt in der Natur des politischen Streits, dass verschiedene Menschen den gleichen Sachverhalt aus verschiedenen Blickwinkeln betrachten. Dieser Essay kann also keine Maßnahme, als richtigste und wichtigste festlegen. Er kann aber zeigen, dass es erstens unumstößliche Grundlagen gibt und dass es zweitens Handlungsoptionen und konstruktive Antworten gibt, die aus der Krise führen.

Für den politischen Diskurs ist es notwendig, dass dieser sachlich und auf Augenhöhe geführt wird. Für eine konkrete Problemstellung muss eine konkrete Handlungsmöglichkeit gezeigt werden. Wir können also die Frage nach der misslungenen Integration von nord-afrikanischen Flüchtlingen nicht damit beantworten, dass die Würde des Menschen unantastbar ist. Hier werden Grundlagen und Handlungsoptionen vermischt.

In ähnlicher Weise helfen auch „Nie wieder Nazis"-Slogans dem politischen Diskurs nicht, weil sie lediglich auf die Missachtung der Menschenrechte durch die Nazis hinweisen. Es bedarf also einer Streitkultur, die eine Herausforderung anerkennt, um dann nach Lösungen zu suchen.

Auch Berichte über die erfolgreiche Integration einzelner Migration hilft im Diskurs nicht weiter, weil ebenso die missglückte Migration eines anderen erzählt werden kann. Wir müssen uns also zunächst mit den großen, übergreifenden Themen beschäftigen. Dazu soll der Umgang von Staaten miteinander beleuchtet werden. Dann folgen Handlungsoptionen für den Umgang mit Migranten, bei denen wirtschaftliche Gründe im Vordergrund stehen, sowie Flüchtlinge und politisch Verfolgte. Dann folgt ein Blick auf den Einzelnen und seine Verantwortung.

Handlungsoptionen auf staatlicher Ebene

In der Vergangenheit herrschte oftmals das Recht des Stärkeren. Während der Kolonialzeit nutzen die Kolonialmächte ihre technische Überlegenheit; alle Verträge und Kooperationen wurden an der Gewinnoptimierung der Kolonialmächte ausgerichtet. In Amerika kauften die Siedler den Indianern ihr Land für eine Handvoll Murmeln ab. Juristisch wäre gegen einen solchen Vertrag nichts einzuwenden, aber wir erkennen bereits, dass ein solches Vorgehen nicht zu langfristig stabilen Verhältnissen führt. In Europa wurden nach der gleichen Logik über Jahrhunderte hinweg Kriege geführt, die stets die Macht und den Reichtum eines Herrschaftsbereichs oder einer Nation mehren sollten. Erst nach zwei Weltkriegen hat sich in Europa die Einsicht durchgesetzt, dass Verträge, die allen beteiligten Staaten Vorteile bringen, für das Gesamtsystem, für die einzelnen Staaten und letztlich für die Menschen von Vorteil sind.

Diese Bemühungen alleine reichen aber nicht aus, um stabile Verhältnisse zwischen den Staaten zu schaffen und den Menschen in anderen Ländern ein sicheres Überleben zu sichern.

Es muss vielmehr die Frage beleuchtet werden, welche Maßstäbe Staaten an die Verträge und ihre Zusammenarbeit stellen, die sie untereinander knüpfen.

Die Möglichkeiten sollen an einem konkreten Beispiel veranschaulicht werden. Ein Unternehmen oder ein Staat möchte gerne seinen Plastikmüll verkaufen. Dazu sucht es nun den Abnehmer mit dem günstigsten Preis. Diesen bietet dann möglicherweise ein Land oder ein Unternehmen mit niedrigen Lohnkosten und geringen Umweltstandards. Es wird klar, dass der durch den Preis geregelte Markt nicht ausreicht für eine stabile Welt.

Globalisierung ist per se kein Grund für das Elend der Menschen in armen Ländern. Aber mit den Möglichkeiten der Globalisierung entsteht auch eine Verantwortung zu deren Nutzung. Zur Erarbeitung solcher Standards eignet sich durchaus der kategorische Imperativ nach Kant: „Handle nur nach derjenigen Maxime, durch die du zugleich wollen kannst, dass sie ein allgemeines Gesetz werde".

Diese Herangehensweise an globales Handeln soll an den folgenden Punkten verdeutlicht werden.

Unternehmenssteuern

Es ist unstrittig, dass Steuern notwendig sind, um allgemeine Staatsaufgaben wahrzunehmen. Ohne Steuern gibt es keine Straßen, keine Schulen, keine Polizisten und keine Finanzbeamten. Steuern werden dort erhoben, wo neue Werte geschaffen werden, beim Arbeiten des Arbeitnehmers ebenso wie beim Gewinn eines Unternehmens. Dabei sind Regeln notwendig, die Wachstum nicht ausbremsen und die Last angemessen auf viele Schultern verteilen. Es ist das gute Recht des Einzelnen und auch eines Unternehmens die eigenen Steuern zu minimieren. Aber das System beruht auf einem angemessenen Ausgleich bei dem letztlich ausreichend Steueraufkommen erhoben wird. Zurecht herrscht großes Entsetzen, wenn sich besonders reiche Menschen durch windige Steuertricks ihrer Verantwortung entziehen.

Es ist aber genauso selbstverständlich, dass Steuersysteme in allen Ländern notwendig sind und dort auch umgesetzt werden müssen. Dies gilt insbesondere für Unternehmenssteuern. Eine Unternehmenssteuer von wenigen Prozent widerspricht dem Grundgedanken von unternehmerischem Handeln in einem geordneten Rechtsstaat. Jeder Mitarbeiter im Rechnungswesen eines Unternehmen würde zurecht laut aufschreien, wenn ihm auf der Straße das Auto gestohlen würde, weil er den rechtsfreien Raum verachtet; und doch sind es Mitarbeiter im Rechnungswesen der Unternehmen, die den nahezu rechtsfreien Raum im Finanzwesen von kleinen Staaten und Steueroasen herbeiwünschen.

Es ist also unerlässliche Aufgabe jedes Unternehmens angemessene Steuern zu zahlen. Es ist Aufgabe eines jeden Staates eine schwarze Liste von Staaten anzufertigen, die keine angemessenen Unternehmenssteuern erheben, und den Handel mit diesen

Staaten zu erschweren. Wer Steuern als sinnhaft akzeptiert, der muss sich in einer globalisierten Welt dafür einsetzten, dass es ein funktionierendes Steuersystem gibt.

Finanztransaktionssteuer

Steuern werden dort erhoben, wo Produkte verkauft werden. Das gilt für Autos, Unterhosen, Reisen und Bücher. Bei Finanzprodukten hinkt diese Systematik noch hinterher. Die Globalisierung und die intensive Vernetzung der Märkte hat viel Wertschöpfung ermöglicht. Und doch fehlt hier eine angemessene Besteuerung. Es ist auch kein schlüssiges Argument, dass eine solche Steuer nur im Verbund aller Staaten eingeführt werden kann. Es reicht schon eine kleine Zahl von Ländern, die auch hier eine schwarze Liste erstellt. Für den Kauf von Wertpapier oder Devisen und den Gewinn, der bei diesen Aktionen anfällt, müssen also genauso Steuern erhoben werden, wie auf Windeln, Eheringe und Särge. Eine Steuer auf Finanzen würde eine stabilisierende Wirkung auf das Finanzsystem haben, da Transaktionen dann mit einer langfristigeren Perspektive gemacht werden. Menschen brauchen eine mittel- und langfristige Perspektive für ihre Arbeit und in gleicher Weise muss auch eine Geldanlage eine mittel- und langfristige Perspektive aufweisen. Kurzfristige und häufig wechselnde Finanzanlagen müssen entsprechend hoch besteuert werden. Dies wird durch eine Finanztransaktionssteuer bewerkstelligt.

<u>Arbeitsstandards</u>

Menschen aller Länder haben ein Recht auf sichere Arbeitsstandards. Wenn er morgens zur Arbeit geht, hat er das Recht zu erwarten, abends wieder gesund nach Hause zu gehen. Damit darf er auch erwarten, dass sein Arbeitgeber und der Staat dafür sorgen, dass seine Arbeitsverhältnisse so sind, dass ihm während der Arbeit nicht das Haus auf den Kopf fällt, in dem er arbeitet. Die treibende Kraft für die Einführung von Arbeitsstandards ist leider fast immer die negative Erfahrung bei Unfällen. Dies gilt für die Industrienationen und Entwicklungsländer in gleicher Weise.

Es ist in gleicher Weise Aufgabe von Unternehmen, Staaten und Verbrauchern Mindeststandard beim Arbeitsschutz einzufordern. Damit verteuern sich Produkte, aber es werden auch Arbeitsbedingungen geschaffen, die es Menschen ermöglichen für sich und die Familie zu sorgen.

Es ist leicht einzusehen, dass in gleicher Weise Umweltstandards notwendig sind. Der Einsatz von Quecksilber zur Gewinnung von Gold mag kurzfristig Geld einbringen. Aber erst wenn nur Gold gehandelt wird, das unter angemessenen Umweltschutzbedingungen gewonnen wurde, können Menschen und

Umwelt langfristig in ihrer Arbeit bleiben und einen Lebensunterhalt für sich und die Familie ermöglichen. Gold wird dadurch teurer, aber die Menschen können dauerhaft arbeiten und unter stabilen Bedingungen leben.

CO$_2$-Steuer/Zertifikate

Die globale Erwärmung gefährdet den Lebensraum vieler Menschen. Auch hier zeigt sich, dass mit Kaufen und Verkaufen alleine kein Gesamtrahmen für das Handeln entsteht, wenn die langfristigen Konsequenzen für Menschen und Umwelt nicht berücksichtigt werden. Mit den CO$_2$- Steuern bzw. Zertifikaten wird die Einsparung belohnt. Ziel ist ein weltweites System, das das Verbrennen von fossilen Brennstoffen erheblich verteuert und alternative Energieformen begünstigt. Auch ein solches System kann starten ohne dass sich alle Staaten direkt in gleicher Weise beteiligen. Die positiven Effekte treten bereits auf, wenn einige entwickelte Staaten damit beginnen.

Ein leicht verständliches Beispiel sind Kerosinsteuern. Während Benzin und Diesel in vielen Ländern mit hohen Steuern belegt werden, ist Flugkerosin sehr günstig. Die Zusammenarbeit weniger Staaten würde als Start ausreichen, Fliegen durch entsprechende Steuern so zu verteuern wie es heute für den Auto-Verkehr der Fall ist.

Rechtstaatlichkeit

In der Summe wird die internationale Regulierung also erheblich zunehmen müssen und dies wird auch mit erheblichen Kosten verbunden sein. Ohne solche Regeln kann aber eine globale Wirtschaft und globale Auswirkungen auf lokales Handeln ebenso wenig funktionieren wie innerhalb eines Staates. Es ist entscheidend für die Lebendbedingungen der Menschen in Ländern mit niedrigen Löhnen, dass dort Kontrollen vorliegen, die Arbeitsstandards und Umweltstandards sicherstellen. Erst wenn es ausreichend Kontrollen gibt, angemessene Strafen und die Gefahr bei Missachtung entdeckt zu werden, ausreichend hoch ist, erst dann machen Verträge zur Arbeits- und Umweltstandards und CO2 Zertifikate Sinn. Es ist Aufgabe der entwickelten Länder hier Aufbauhilfe zu leisten.

Ein Steuersystem funktioniert nur dann, wenn Finanzbeamte das Recht haben Wohnungen zu durchsuchen und wenn für Vergehen entsprechende Strafen durchgesetzt werden. Es ist erst eine Errungenschaft der letzten 10 Jahre, dass in Deutschland für Steuervergehen von über 1 Mio. Euro empfindliche Strafen erfolgen. In gleicher Weise gilt es Steuergerechtigkeit, Strafverfolgung und Missachtung von Arbeits- und Umweltstandards auch in Entwicklungsländern konsequent umzusetzen.

Wirtschaftliche Entwicklung und Bevölkerungswachstum

Eine stabile wirtschaftliche Entwicklung, die den Menschen Arbeit bringt, stabilisiert die Gesellschaft. Die Spannungen in Nordirland haben deutlich abgenommen, nachdem es eine politische Annäherung und gleichzeitig ein deutliches Wirtschaftswachstum gab. Seither haben die Menschen dort etwas zu verlieren und wollen, dass sich der Wohlstand fortsetzt. Wirtschaftliche Entwicklung ist kein Selbstzweck, aber die Schaffung von Arbeitsplätzen stabilisiert die Gesellschaft. Entscheidend ist dabei, dass die Bevölkerung nicht schneller wächst als die Wirtschaft und die Arbeitsplätze, weil die Menschen sonst trotz Wachstum im Durchschnitt ärmer werden. Zuletzt hat die UN-Bevölkerungskonferenz im November 2019 in Nairobi darauf hingewiesen, dass Aufklärung und bewusste Entscheidung zur Schwangerschaft ebenso notwendig sind wie Bildung, damit viele Staaten in Asien und Afrika nicht weiter verelenden.

<u>Friedensstiftende Maßnahmen</u>

Kriege erzeugen Armut und Flucht. Eine universelle Lösung für Kriege gibt es nicht. Es gibt tausend gute Gründe für Israelis, die Palästinenser zu hassen und gibt es tausend gute Gründe für die Palästinenser, die Israelis zu hassen. Und gerade deshalb sind die Worte es israelischen Generals Yitzhak Rabin so wichtig: „Frieden wird nicht zwischen Freunden sondern zwischen Feinden geschlossen." Es erfordert einen bedingungslosen Willen bei Politikern ebenso wie bei der Bevölkerung, entgegen aller Gründe und Geschehnisse dafür zu sorgen, dass Frieden einkehrt.

Daher muss auch jede politische Bemühung von stabilen Staaten wie zum Beispiel den entwickelten

Staaten in Europa, Nordamerika und Asien dahin gelenkt werden, dass Kriege in den anderen Regionen der Welt vermieden werden.

Zusammenarbeit in der Europäischen Union

Leider wird die Europäischen Union zu oft wegen ihrer Diversität wertgeschätzt. Auf Europafestivals wird Pizza aus Italien, Rotwein aus Spanien präsentiert, ebenso wie estnische Volkslieder. All das gab es auch schon vor 1950 vor der Gründung der EU. Man könnte in gleicher Weise auch Sushi aus Japan und Steak aus Basilien loben und es würde keinen Unterschied im Umgang der Staaten miteinander ausmachen. Auch die Freizügigkeit bei Personenreisen ist ein wenig überzeugendes Argument, weil die Einreise nach Norwegen heute kaum länger dauert wie die nach Irland.

Das wahrhaft Bemerkenswerte der Europäischen Union ist die Vielzahl der staaten-übergreifenden Entscheidungen, die weit über das Maß anderer Staatenbunde in Asien, Afrika oder Amerika hinausgehen: Es gibt einen europäischen Gerichtshof, ein europäisches Patentamt, es gibt einheitliche Regeln für die Zulassung von Medikamenten, für die Bankenfinanzierung, und es gibt ein Budget zum Aufbau strukturschwacher Regionen.

Die Europäischen Union hat in Europa für Wachstum und Wohlstand gesorgt. Dabei haben ärmere Länder wie Portugal, Spanien und Polen besonders stark profitiert, weil sie höhere Wachstumsraten hatten als bereits weiter entwickelte Länder. Entscheidend ist aber, dass es EU-übergreifende Entscheidungen gibt und Regeln zum gemeinsamen Umgang gefunden werden. Damit ist die EU eine Art Testlabor für ein staatenübergreifendes Handeln. Die Herangehensweise ist nicht durchweg demokratisch, da viele Entscheidungen über die EU Kommission getroffen werden. Die schwierige Kompetenzverteilung zwischen EU-Parlament und EU-Kommission ist aber kein Argument gegen die Europäische Union, sondern entsteht schlichtweg, weil hier souveräne Staaten kooperieren.

Es gibt Bereiche, in denen die EU Staaten bewusst bisher kein einheitliches Vorgehen an den Tag legen; Migration ist einer dieser Bereiche. Die Offenheit für Migration ist in den verschiedenen EU-Ländern unterschiedlich. Viele Menschen in Polen lehnen außereuropäische Migration ab, während Zuwanderung in vielen Teilen Deutschlands geübte Praxis ist. Da die EU aus souveränen Staaten besteht, ist es nicht überraschend, dass es noch keinen einheitlichen Prozess gibt; das Dublin-Verfahren, das die Prüfung des Asylantrags in dem Land vorgibt, in dem der Antragssteller die EU betritt, ist umstritten und wird überarbeitet.

Die EU ist ein exzellenter Rahmen, um Regeln für Migration zu finden und die konkreten Details auszuarbeiten. Oft wird die EU als technokratisch verschrien, aber im Ausloten von Kompromissen und im Erstellen von Regeln für souveräne Staaten liegt die Stärke der EU.

Migration

Leistungsprinzip

Das Streben des Einzelnen nach besseren Lebensverhältnissen und das Leistungsprinzip in der Gesellschaft sind zwei Prinzipien, die Hand in Hand gehen. Wenn an einer Universität Medizinstudienplätze vergeben werden, dann ist es im Sinne des Staates und aller Menschen in diesem Staat, dass dabei die besten und geeignetsten Studenten ausgewählt werden. Umgekehrt ermöglichen transparente Regeln für die Auswahl der Studenten, dass sich alle Kandidaten anstrengen, um gute Noten zu erzielen und den Auswahltest gut zu bestehen.

Das Leistungsprinzip ist kein Allheilmittel für gesellschaftlichen Fortschritt und Stabilität. Erst in Kombination mit Arbeitsschutz, Umweltschutz, Steuern und sozialer Absicherung entsteht ein Gesamtrahmen.

Es ist bemerkenswert, dass das Leistungsprinzip innerhalb von Staaten relativ neu ist. Früher gaben Adelige ihre Privilegien an ihre Kinder ab. Die Französische Revolution forderte Brüderlichkeit, Freiheit und Gleichheit für alle und ein Ende der Privilegien für den Klerus und die Adeligen. Heute führt der Bedarf an qualifiziertem Fachpersonal dazu, dass fähige und fleißige Menschen ihren Lebensstandard verbessern können. Ohne Leistungsprinzip suchen Menschen nach anderen Wegen Ihre Verhältnisse zu verbessern. Vetternwirtschaft und Korruption halten Einzug.

Und so sind es Hoffnung und Träume auf ein besseres Leben, die Menschen anspornen, Neues zu lernen, das Bekannte zu verlassen und das Unbekannte zu wagen. Dies gilt für junge Menschen in einem Land, die sich weiterentwickeln, wie auch für Migranten, die in ein neues Land aufbrechen. Das Leistungsprinzip bildet somit eine gute Brücke für Migration und Integration. Menschen, die ihre eigene Situation verbessern wollen, sind bereit eine Ausbildung zu durchlaufen, eine neue Sprache zu lernen und sich auf ein neues Land einzulassen.

Um Migration positiv zu gestalten, gilt es Regeln aufzustellen, die transparent und schlüssig sind. Wenn

Menschen - aus welchen Gründen auch immer – aufbrechen wollen in ein neues Land und sie wissen, dass sie mit guten Sprachkenntnissen und einer Ausbildung in einem speziellen Bereich gute Chancen haben, dann werden sie ihre Energie darauf verwenden, die Sprache zu erlernen und die Qualifikation zu erreichen. Bereits heute sparen Großfamilien unter großer Entbehrung, um ein Familienmitglied nach Europa oder Amerika zu senden. Leider verschwindet das gesparte Geld in dunklen Kanälen, weil die Migranten versuchen, auf illegalen Wegen nach Europa zu gelangen.

Wenn also beispielsweise in einem Land Bäcker und Krankenschwestern benötigt werden, dann ist es für den Migranten und das aufnehmende Land sinnvoll, wenn der Migrant vor seiner Abreise die neue Sprache lernt und eine entsprechende Ausbildung macht.

Das aufnehmende Land kann dann Zusatzkurse anbieten und etwaige Unterschiede zwischen den verschiedenen Ländern ausgleichen.

Kanada war 1967 das erste Land, das ein entsprechendes Punktesystem für die Einwanderung einführte. Heute haben auch Australien und Großbritannien ein Punktesystem eingeführt.

Um die heutige Situation bei der Migration zu verbessern, sind noch erhebliche Verbesserungen in den Strukturen notwendig: Strukturen, in denen eine effiziente Prüfung erfolgt, aber auch Strukturen, in denen sich Menschen für einen Übergangszeitraum aufhalten können und Strukturen, die ihnen gegebenenfalls eine Rückreise ermöglichen. Solche Strukturen sind aufwendig und kosten Geld. Sie sind aber erforderlich, um Migranten als Menschen zu behandeln, um Transparenz zu schaffen und das System als Ganzes zum Erfolg zu führen.

Mit einem Leistungsbezug steigt auch die öffentliche Akzeptanz des Systems. Die USA waren über Jahrzehnte das klassische Beispiel für ein leistungsbasiertes Migrationsland. Migranten aus aller Welt kamen nach Amerika, um eine neue Existenz aufzubauen. Der Aufbau eines neuen Lebens durch harte Arbeit ist einer der US-amerikanischen Gründungsgedanken.

Staatsbürgerschafts-Lotterie

Neben dem Leistungsbezug sollte es ein kleines Kontingent für Migranten geben, das ohne Leistungsbezug erfolgt. Darauf können sich Menschen bewerben, und es erfolgt eine Auswahl nach dem Los-Prinzip. Für die aufnehmenden Staaten bedeutet dies eine erhebliche Anstrengung, da die Integration umso schwerer wird. Ähnlich wie eine Geld-Lotterie gibt auch diese Lotterie den Menschen in armen Ländern Hoffnung, die es aus eigener Anstrengung nicht zu einem besseren Lebensstandard schaffen. Durch diese

Lotterie reduziert sich auch der Druck auf eine gefährliche Reise mit Todes-Gefahr wie zum Beispiel durch die Sahara, weil es eine andere Option gibt

Integration

Die Hürden, die sich bei Migration auftun, werden oft unterschätzt. Gerade das Erlernen einer neuen Sprache erfordert viel Übung und Durchhaltevermögen. Ohne Sprache misslingt Migration und die Ankommenden bleiben isoliert und auf Dauer frustriert, weil sie ihre Wünsche nicht erfüllen können. Der zweite große Faktor, der Migration zum Erfolg werden lässt, ist Arbeit. Wenn die Migranten Qualifikationen mitbringen, die im aufnehmenden Land gesucht werden, dann ermöglicht Arbeit einerseits ein selbständiges Leben mit eigenen finanziellen Mitteln, einen strukturierten Tagesablauf und andererseits neue soziale Kontakte.

Die Aufnahme von Migranten bedeutet Anpassung für die Ankommenden und die Aufnehmenden. Der Berg, den es für die Ankommenden zu erklimmen gilt, ist aber ungleich höher. Sie verlieren soziale Bindungen, sie müssen eine neue Sprache lernen und eine neue Arbeit finden. Zum Teil müssen die Einwanderer auch ihre alte Kultur überwinden und die neue Kultur annehmen. Manchen Migranten aus patriarchisch geprägten Ländern fällt es schwer in westlichen Ländern, Anweisungen von weiblichen Polizisten entgegenzunehmen oder sie lehnen die Untersuchung durch eine Ärztin ab, weil sie es nicht gewohnt sind, Anweisungen von einer Frau zu erhalten. Umso mehr ist also bei den Ankommenden der Wille gefordert, sich auf die neue Gesellschaft einzulassen. Ein neues Land bedeutet nicht nur eine hoffentlich neue Arbeitsstätte; es ist auch ein anderer Sprach-, Rechts- und Kulturraum. Diese Änderung ist so gravierend, dass sich auch religiöse Lebensweisen anpassen müssen. Eine wesentliche Aufgabe im Europa der nächsten 20 Jahre ist die Etablierung eines aufgeklärten europäischen Islams.

Auch die aufnehmende Gesellschaft wird durch die Neuankömmlinge verändert. Die Veränderung erfolgt hier aber nicht von einem Tag auf den anderen und ist viel langfristiger. An dieser Stelle wird deutlich, dass sich eine Nation nicht wie früher durch die Hautfarbe, die Religion oder die Herkunft definiert. Eine neue Nation definiert sich über ihre Kultur, ihre Sprache, ihr Rechtssystem.

Es wird auch deutlich, dass Zuwanderung einen Wert hat. Menschen aus anderen Kulturkreisen bereichern, in dem sie einen kulturellen Beitrag leisten, neue Speisen einführen, neue Musik und viele Dinge hinterfragen und anders machen. Integration ist also harte Arbeit und teuer. Sie wird aber auch durch eine Gegenleistung belohnt.

Zur Unterstützung der Integration bieten viele Staaten Unterstützung an. Sprachkurse, Übergangswohnungen, Sozialberater, die das Schulsystem, Formulare und Arztbesuche erklären. Teilweise sind diese staatlich organisiert und teilweise beruhen sie auf der Arbeit von Freiwilligen. Auch eine solche Unterstützung gilt es zu organisieren, sie muss finanziert werden und intrinsisch ist sie aufgrund der notwendigen Personen und Mittel begrenzt.

Es wäre eine lohnende wissenschaftliche Aufgabe, die Zahl der Personen zu quantifizieren, die eine Nation jährlich stabil integrieren kann. Parameter wären die Geschwindigkeit des Wohnungsbaus, die Möglichkeit gemischter Schulklassen mit Muttersprachlern und Neuankömmlingen zu erstellen und der Arbeitsmarkt, der entsprechend Arbeit zur Verfügung stellt. Eine solche Berechnung kann nicht alleinige Maßgabe für die Aufnahmen von Migranten sein, aber es wäre eine gute Orientierung und würde erheblich zur Versachlichung der Diskussion beitragen. Dieses Buch kann keine konkrete Zahl benennen aber die oben genannten Argumente zeigen klar, dass die Antwort auf die Frage wie viel Zuwanderung sinnvoll ist, weder Null noch unendlich lauten kann. Es gibt Möglichkeiten und auch Grenzen.

Flucht

Es gibt Gründe die Heimat zu verlassen, die nicht planbar sind. Dazu zählen Krieg und Vertreibung. Kriegsflüchtlinge haben keine Wahl und keine Vorbereitungszeit; sie können nicht frei entscheiden, ob sie ihre Heimat verlassen und können sich nicht entsprechend vorbereiten. Es bedarf keiner besonderen Erklärung, dass die Gründung der Vereinten Nationen und vieler anderer Organisationen darauf hinwirkt, Kriege zu vermeiden, und es ist selbstverständlich, dass die diplomatischen und politischen Bemühungen gestärkt werden müssen, um Kriege und Vertreibung zu vermeiden.

Und doch bleibt zu erwarten, dass auch in absehbarer Zukunft immer wieder Kriege ausbrechen und es zu Vertreibungen kommt. Dazu haben die Vereinten Nationen das Flüchtlingshilfswerk gegründet. In der Sahelzone unterstützt die EU Flüchtlingscamps, um den Menschen Unterkunft und Sicherheit zu bieten. Die Regierungen vieler Länder haben ebenso wie viele NGOs und Privatpersonen erkannt, dass auch diese Flüchtlinge Unterstützung bedürfen. Oft sind es insbesondere die Nachbarländer, die aus Not heraus die Versorgung der Flüchtlinge übernommen haben.

Die Unterstützung für Flüchtlinge sollte bereits dort erfolgen, wo diese aus dem Krisengebiet fliehen. Dazu sind höhere staatliche Aufwendungen von entwickelten Ländern erforderlich, in denen Stabilität herrscht. Ebenso sind Privatpersonen bei der Unterstützung in Krisensituationen gefordert.

Falls Kriegsflüchtlinge eine weite Reise auf sich nehmen und in ein entferntes, weiter entwickeltes Land einreisen wollen, gilt es für sie angemessene Bedingungen zu schaffen, damit sie auch dort ausreichend versorgt sind. Dann beginnt die Prüfung, ob diese Menschen über eine ausreichende Qualifizierung verfügen oder ob für sie politisches Asyl gilt. Da diese Prüfung nicht innerhalb weniger Stunden erfolgen kann, ist es notwendig, ihnen für diese Zeit ein angemessenes Leben zu ermöglichen. Oft müssen Flüchtlinge viele Jahre in einem anderen Land leben, da Krieg und Zerstörung in ihrem Heimatland andauern.

Es erscheint aber nicht zielführend, wenn die Aufenthaltsdauer oder Bedürftigkeit ausschlaggebende Kriterien für eine neue Staatsbürgerschaft wird. Manche Menschen bringen nicht die Fähigkeiten mit, eine neue Sprache zu erlernen und die neue Kultur anzunehmen. Es kann also durchaus Fälle geben, in denen eine Unterstützung über Jahre sinnvoll ist und am Ende der Unterstützung nicht eine neue Staatsbürgerschaft, sondern die Rückreise in die alte Heimat steht. Ebenso mag es Fälle geben, in denen Menschen für einen langen Zeitraum in einem neuen Land geduldet werden, ohne eine langfristige Perspektive auf Staatsbürgerschaft zu haben.

Die Linderung von Bedürftigkeit ist keine Aufgabe von Staatsbürgerschaft, sondern von wirtschaftlicher Unterstützung und wirtschaftlicher Entwicklung. Die Staaten der Europäischen Union werden diesem Anspruch teilweise bei den syrischen Flüchtlingen in der Türkei und in der Sahelzone gerecht. Für diese Unterstützung werden zurecht Milliardenbeträge eingesetzt.

Politisches Asyl

Die dritte Gruppe derer, die ihre Heimat langfristig verlassen, sind neben den Migranten und Flüchtlingen politisch Verfolgte. Menschen, die sich in ihrer Heimat politisch engagiert haben, werden zum Teil wegen ihrer politischen Ansichten verfolgt, bis hin zu einem Maß, dass sie nicht mehr dort leben können. Diese Menschen wollen meist die Lebensbedingungen in ihren Heimatländern verbessern, stoßen aber auf den Widerstand der Herrschenden. Für sie ist der letzte Ausweg, ihr Land zu verlassen und in einem anderen, freiheitlichen Land um politisches Asyl zu bitten. Es ist wichtig festzuhalten, dass deren Zahl im Vergleich zu den Migranten und Flüchtlingen eher klein ist.

In diesen Fällen wird das aufnehmende Land den Einzelfall prüfen müssen. Dazu sind wiederum angemessene Strukturen und Behörden notwendig. Diese Aufwendungen seitens der freiheitlichen Staaten sind

notwendig, weil die politisch Verfolgten für Freiheit-
lichkeit und Rechtsstaatlichkeit ihrem Staat und letztlich auch zwischen den Staaten kämpfen. Diese Menschen kommen nicht mit dem primären Anliegen,
Staatsbürger in einem neuen Land zu werden, sondern sie suchen Sicherheit vor der politischen Verfol-
gung. Es gilt, sie zu unterstützen und ihre Sicherheit
zu gewährleisten. Sollten sie langfristig in dem aufnehmenden Land bleiben müssen, so beginnt auch
für sie der lange und aufwendige Weg des Sprache-
Lernens und der Integration.

Verantwortung des Einzelnen

Nicht alle Probleme innerhalb eines Staates oder einer Gesellschaft können durch staatliche Regeln gelöst werden. Es gibt auch eine Verantwortung des
Einzelnen, die nicht durch staatliche Institutionen ab-
gedeckt wird. Dies soll an einigen einfachen Beispie-

len veranschaulicht werden. Wenn ein Kind auf einem Spielplatz stürzt, dann eilen Unbeteiligte hinzu, um zu klären ob das Kind Hilfe braucht. Wenn Menschen in Indonesien von einem Tsunami getroffen werden, wird weltweit Geld gesammelt.

Auch alle großen Weltreligionen sehen es als moralische Pflicht an, den Bedürftigen zu helfen. Im Evangelium nach Lukas ist es gerade der barmherzige Samariter, der Fremde mit dem vermeintlich falschen Glauben, der dem Überfallenen hilft. Die Bibel beschreibt mit der „Nächstenliebe" nicht die Unterstützung der eigenen Familie und Freunde sondern Hilfe für die, die sie brauchen. Das sind in einer globalisierten Welt sehr viele Menschen. Andererseits sind es auch sehr viele, die in einer globalisierten Welt die Not sehen, vom Leid erfahren und finanziell oder anders in der Lage sind zu helfen. Auf diese Weise kann die große Not durch die große Zahl der möglichen Helfer gelindert werden.

Damit wird auch klar, dass humanitäre Hilfe auch die Hilfe des Einzelnen ist. Es ist unangemessen und ineffizient jedwede Hilfe für Bedürftige über staatliche Organisationen zu regeln. Dazu müssten wiederum Steuern erhoben werden und Verteilungsmechanismen etabliert werden mit. Die Hilfe wäre anonymisiert und weniger sinnstiftend als die direkte bewusste Entscheidung des Einzelnen. Wer reich ist, trägt eine große Verantwortung und muss dieser Verantwortung auch persönlich gerecht werden.

Zusammenfassung der Handlungsoptionen

1) Bei Verträgen von Unternehmen und Staaten gilt es in gleicher Weise Standards für Umweltschutz, Arbeitnehmerschutz zu etablieren wie innerhalb eines Staates.

2) Eine staatenübergreifende Steuersystematik ist erforderlich, damit Staaten ihrer Aufgabe

von Rechtsstaatlichkeit und Stabilität nach-
kommen können. Dazu zählen Unternehmenssteuern ebenso wie Finanztransaktionssteuern.

3) CO_2 Zertifikate setzen Anreize für nachhalti-
ges Wirtschaften und helfen die Unterschiede zwischen entwickelten Ländern und
Entwicklungsländern auszugleichen.

4) Globalisierung führt nur dann zu stabilen
Verhältnissen, wenn sie mit entsprechender
Regulierung einhergeht.

5) Zur Regulierung können einzelne Staaten vo-
rangehen und mit Hilfe von schwarzen Listen
Druck auf nicht-kooperierende Staaten ausü-
ben.

6) Der Leistungsbezug auf Sprache und Ausbildung verbessert die Lage der Migranten und
der aufnehmenden Staaten.

7) Ein Staatsbürgerschafts-Lotterie gibt den Menschen in armen Ländern Hoffnung auf ein besseres Leben.

8) Staaten können Migranten den dauerhaften Aufenthalt verweigern. Dennoch müssen Migranten in der Bearbeitungszeit unterstützt werden und in angemessenen Verhältnissen leben.

9) Steuern sollen international vereinheitlicht werden. Dies gilt insbesondere für Effekte, die sich weltweit auswirken, wie zum Beispiel Flugsteuern, Finanztransaktionssteuern und Unternehmenssteuern.

10) Die EU ist ein erfolgreicher Prototyp für nationen-übergreifende Regularien und Entscheidungsfindung.

11) Humanitäre Hilfe ist vor allem Aufgabe des Einzelnen. Wer viel hat, steht in der moralischen Pflicht, den Bedürftigen zu helfen.